Opmuntring og inspiration i en Coronatid
- Med små prosatekster -

En sag kan ses fra mere end en side. Som blomsten her.

Kolofon:

Marts 2021
Forfatter – Lone Rytsel
Redaktion - Bogforlaget i Sandvig i samarbejde med DOF-Sandvig
Folkeoplysning og Fortælleværksted
Korrekturlæsning – Tine Rytsel
Forlag – BoD – Books on Demand – København – Danmark
Tryk – BoD – Books on Demand – Norderstedt – Tyskland
ISBN - 9788743031284

FORORD

År 2020 har været et usædvanligt år.

Vores verden væltede og blev vendt på hovedet.

Måske havde vi taget så meget for givet.

Vi kunne, hvad vi ville og når vi ville. Vi kunne rejse, hvorhen vi ville. Vi kunne gå på cafe og restaurant, når vi havde lyst.

Pludselig var alt det en umulighed.

Mange af os kunne heller ikke arbejde, og børnene kunne ikke komme i skole.

Nogen af os var gode til at tænke. "Når jeg ikke kan gøre det, jeg plejer, hvad kan jeg så i stedet for?"

Andre var knapt så gode til det.

Nogen mistede deres arbejde. Og nogen måtte lære at arbejde hjemmefra. Mange skulle lære at hjælpe deres børn med at blive undervist online.

Utroligt mange nye opgaver på en gang.

Jeg var én af dem, der ledte efter nye veje og nye muligheder, og lærte at holde møder og undervise på zoom. Og fandt masser af gratis onlinekurser på nettet. Og endte med at have lært at lægge zoomoptagelser på YouTube og producere Podcast.

Måske lyder det ikke af meget for mange, men for mig, var det stort. Jeg havde aldrig været nogen IT-nørd, men blev gradvis klogere og klogere.

Og da der blev mulighed for at blive inspireret til at skrive i #FebruaryFiction – en tekst på 100 ord, hver dag eller så mange dage, som man havde lyst til, besluttede jeg mig for at skrive en tekst hver dag, der måske kunne inspirere andre til at tænke mere positivt og bedre klare de udfordringer, som vi alle blev udsat for i 2020.

Jeg lod mig inspirere af et enkelt ord eller en sætning

Det blev til denne lille bog med 28 tekster på omkring 100 ord hver og en lidt længere indledning med udgangspunkt i temaet trivsel.

Håber mit formål med bogen er blevet opfyldt og bliver taget godt imod.

Bogen bliver trykt på den billigste måde, for at så mange som muligt har råd til at læse den.

Lone Rytsel

Marts 2021

INDHOLDSFORTEGNELSE

TRIVSEL

I disse dage er kloge hoveder begyndt at tale om trivsel

Vi skal se på trivsel i skolerne, når de bliver lukket op igen

Hvorfor taler vi ikke om mistrivsel lige nu?

Og er begyndt at gøre noget ved det allerede nu?

Hvorfor vente?

Hvis vi ikke gør noget nu, så kan en del børn blive udsat for ubodelig skade

Trivsel skal komme før faglig viden

Socialt samvær skal også komme før faglig viden

Men gælder det kun børn?

Det tror jeg bestemt ikke

I disse dage nærmer vi os årsdagen for nedlukning af Danmark

Vi fik et chok, da vores statsminister Mette Frederiksen indkaldte til pressemøde i marts måned 2020

Det var næsten uvirkeligt

Det kunne man da ikke

Lukke et helt land ned

Men budskabet var klart og tydeligt

Hjemmearbejdspladser

Hjemmeskole

Kun butikker med fødevarer havde åbent

Lærte at vaske hænder og holde afstand

Vi accepterede det

Og vi fulgte det

Næsten alle sammen

Også da der kom nye restriktioner

Længere afstand til hinanden

Forsamlingsforbud med forskellig antal personer ad gangen

Mundbind

En juletid, hvor familier ikke kunne mødes

Lukkede vores grænser for ind- og udrejse

Vores ferier blev aflyst

Konfirmationer blev aflyst og udsat

Cafeer og restauranter blev lukket

Men vi kunne få Take-Away

Vi lærte at bruge naturen mere

Nu er der gået et år

Der har været lidt lyspunkter undervejs og så nedlukninger igen

De små skolebørn er kommet tilbage til skolen

Nogle steder blev de sendt hjem igen

I dag kunne de større børn komme tilbage til skolen

Men ikke hele landet

Og nu kan vi dyrke udendørs motion

Må ovenikøbet være helt op til 25 ad gangen

Så kan vi spille fodbold

Også fodboldkampe

Vi har fået alle mulige tests

Vi har fået vacciner

Første gang vacciner er udviklet så hurtigt

Men vi har ikke fået nok af dem

Så de mest sårbare er stadig ikke alle sammen vaccineret

Og nu sidder vi her

Børn som voksne

Vores sædvanlige verden er væltet

Vi har lært at leve på en anderledes måde

Vi har isoleret os mere

Vi holder afstand

Vi får ingen kram og giver ikke hånd

Vi er blevet ensomme

Vi tager social afstand

Vi mistrives

Men vi er nødt til at tage ”skeen i den anden hånd”

Vi ved ikke, hvor længe det nye liv kommer til at vare

Vi er nødt til at finde andre veje og måder at leve på

Og gøre andre ting, så vi kan leve med det

Og få et godt liv og finde vores trivsel igen

Bruge naturen endnu mere

Øve os i at været i nuet og nyde det, der stadig fungerer

Mødes på nettet

Og huske at gøre det

Møde andre, hvor vi kan

Også hos købmanden og i supermarkedet

Gøre os selv og andre synlige

Hilse på hinanden

Komme med en lille bemærkning

Mærke hvilken forskel det gør for os selv og de andre

Ikke være bange for de andre

Hvis alle tager deres forhåndsregler, er der intet at være bange for

Vi er snart alle sammen vaccineret

Og vi har lært at leve med Corona

Og vi trives igen

Helt op til os selv og vores holdning til de udfordringer, vi udsættes for

Lad os i fællesskab love hinanden, at vi vil gøre alt for, at vi alle sammen kan trives på trods af Corona.

3. marts 2021

FORSAMLING

Når jeg hører ordet forsamling

Tænker jeg straks forsamlingsfrihed

Forsamlingsfrihed er en af vores demokratiske rettigheder

Det står i Grundloven

Vi kan forsamle os, om hvad som helst

Vi bestemmer selv, hvad vi vil tale om

Ingen andre end os bestemmer

Men hvad så nu?

Kan vi stadig forsamle os?

Ja, sagtens

Men vi må bare ikke være mere end 5

Og helst de samme 5

Og helst vores egen familie

Men det er nu ikke så sjovt at mødes med vores egen familie

Det gør vi allerede i forvejen

Godt vi har Facebook

Så forsamler vi os der

Den 1. februar 2021

VEJRET

Vejret er noget, vi taler om, når vi ikke ved,
hvad vi skal sige

Som indledning til en snak med en fremmed

Som "small-talk"

Tale uden særligt indhold

Tale næsten uden mening

Hvor er vi heldige, vi bor i Danmark

Vejret er heldigvis så forskelligt, at der er noget at tale om

"Åh, hvor er det trist, det er så mørkt og vådt i dag"

"Men i går var det heldigvis fint"

"De siger også, at det er den mest våde måned i lang tid"

"Lad os håbe, det snart bliver bedre"

Skal vi snart finde et andet emne?

2. februar 2021

DEN FØRSTE GANG

Alle har noget, de oplever første gang

Alt er lysere og mere spændende første gang

Det første ord

De første skridt

Den første togtur alene

Den første kæreste

Det første kys

Den første elskov

Den første køretime

Den første knallert

Den første bil

Den første bolig

Den første lejlighed

Det første hus

Den første sejltur

Den første hund

Den første fødsel

Den første begravelse

Den første rejse

Den første svømmetur

Hvorfor er den første gang altid så helt anderledes end de efterfølgende?

Er fascinationen helt væk, når vi har prøvet det før?

Behøver det at være sådan?

3. februar 2021

VENTETID

Hvordan kan det være, at det ord har en negativ klang?

Vi kan ikke undgå at opleve ventetid

Vi venter i kø ved kassen i supermarkedet

Vi ventede i kø, dengang vi kunne rejse på charterferie

Vi sidder hos tandlægen og venter

Vi sidder hos lægen og venter

Og nu venter vi også i kø for at blive testet

Og ventetid når vi skal vaccineres

Ventetid er en inaktiv tid

Vi kan stå og irriteres over, hvad vi kunne have gjort, hvis vi ikke skulle vente

Vi kan også tænke

Dejligt nu kan jeg ikke gøre andet end bare ”være”

4. februar 2021

STÆDIGHED

Hvad er stædighed for en følelse?

Jeg husker ikke, hvad jeg ville

Men har fået fortalt, at jeg som 3-årig var meget bevidst om, hvad jeg ville

Har fået fortalt, at jeg stillede mig op, og råbte:

”Jeg vil, jeg vil”

Det blev hurtigt stoppet, på en måde, som vi ikke kender til i dag

”Din vilje ligger i fars lomme”

Vi er alle påvirket af vores opvækst

Og min far havde 12 andre søskende, så der har nok ikke været plads til individuelle ønsker

Men heldigvis beholdt jeg min egen vilje og mine egne ønsker

Og stædighed hjælper

Den 5. februar 2021

MOTIVATION

Hjemmearbejde blev en naturlig del af mange danskeres liv

Det var dejligt i starten, hvor vi blev mindre stressede

Vi oplevede en højere grad af effektivitet

Arbejdsgiverne var tilfredse

Vi var tilfredse

Og motivationen steg

Efter nogen tid begyndte vi at savne vores kollegaer

Vi savnede vores normale arbejdsdage

Motivationen faldt

Vi drømte om, hvor dejligt, det var dengang

Vi huskede de fælles kaffepauser

Vi huskede vores fælles frokost

Vi huskede inspirationen fra vores fælles møder

Hvor bliver det dejligt at komme tilbage

Måske kommer vi til at drømme os tilbage til tiden med hjemmearbejde

Kan vi finde motivationen igen?

6. februar 2021

MODGANG

Træning er rigtig godt for kroppen, siger nogen

Modgang er også godt for psyken, mener andre

Træning har vi ikke allesammen lige meget lyst til

Men modgang har vi endnu mindre lyst til

Under alle omstændigheder skal der trænes
på den rigtige måde for at undgå skader

Så vi kan få stærkere muskler

Og et fysisk sundere liv

Det samme gælder for modgang

Hvis det håndteres rigtigt, kan modgang blive til mental sundhed

Hvis det håndteres forkert, kan det blive til overbelastning

Lad os være mere opmærksomme på, hvad vi gør

Lad os støtte vores egen evne til at takle livet

Den 7. februar 2021

SKAM DIG

Hvorfor skulle jeg gøre det?

Har jeg noget at skamme mig over?

Helt sikkert

Hvis jeg var katolik, skulle jeg gå til skrifte

Og så skulle jeg bekende mine synder

Men hvad skulle det være, jeg kunne skamme mig over?

Måske hvis jeg ser lidt på dødssynderne

Har jeg ikke tænkt dårligt om nogen?

Har jeg ikke være misundelig på nogen?

Har jeg ikke været grådig?

Har jeg ikke stjålet eller snydt skattevæsenet?

Har jeg ikke fremhævet mig selv, på bekostning af andre?

Har jeg ikke løjet?

Måske bare en lille hvid løgn

Så kan jeg godt skamme mig

8. februar 2021

ALT HVAD JEG GØR, ER MIT EGET VALG

Det passer ikke

Jeg gør tit noget, jeg ikke selv har valgt

Nej, det er måske ikke helt rigtigt

Jeg gjorde tit noget, jeg ikke selv havde valgt

Sådan er det ikke mere

Jeg vælger at være positiv og se muligheder og ikke begrænsninger

Livet er fuld af bump på vejen

Jeg vælger selv, hvordan jeg kommer over dem

Jeg kan vælte dem

Jeg kan køre igennem dem

Jeg kan hoppe over dem

Jeg kan træde på dem

Bump er med til at gøre livet mere spændende

Et landskab, der er kuperet, er mere interessant end et fladt

9. februar 2021

FOR GODT TIL AT VÆRE SANDT

Hvis noget er for godt til at være sandt, så er det ikke sandt

Men ikke altid - Jeg har et fantastisk liv

Og det er sandt

Mange liv i et langt liv

Og det er sandt

Modig og ikke bange for nye udfordringer

Og det er sandt

Fra fastansat tjenestemand til ledighed

Og det er sandt

Taxakørsel med dårlig stedsans

Og det er sandt

Sælger alt og begynder at studere

Og det er sandt

Selvstændig virksomhed uden nogen erfaring

Og det er sandt

Alt godt kan godt være sandt

10. februar 2021

FOR LIDT TID OG FOR MANGE OPGAVER

Sådan har mange af os det, mens
vi er på arbejdsmarkedet

Men hvad så, når vi går på pension

Vi glæder os til at kunne sove længe, og gøre lige, hvad vi har lyst til.

Men hvad sker der så?

Vi er så vant til at have opgaver, der skal løses,
at vi hurtigt skaber nogle pensionistaktiviteter

Ikke de første 14 dage eller den første måned

Men så skal der ske noget.

Vi melder os ind i den lokale afdeling af Ældresagen

Hjælper til i Genbrugsbutikken.

For lidt tid og for mange aktiviteter.

11. februar 2021

I SNE STÅR SNE OG URT OG BUSK I SKJUL

Det er så koldt derude.

Dog synger der en lille fugl

På kvist ved frosne rude

Det er billedet vi ser mange steder i disse dage.

Og det er måske sådan, vi også har det som mennesker lige nu.

Vi er skjult under Coronaen´s dyne af restriktioner.

Men som digteren B.S. Ingemann skrev, så kæmper lyset og mørket bestandigt mod hinanden.

Men lyset vinder.

Vi kommer også til at dukke op af Coronadynen igen.

Ikke for at være som før.

Men med ny energi og farver, som de små forårsbebudere viser os.

12. februar 2021

MÅSKE KU` JEG GØRE NOGET ANDET?

Måske ku` jeg tænke anderledes?

Måske ku` jeg spise på en anden måde?

Måske ku´ jeg leve på en ny måde?

Hvorfor?

Livet er dejligt, som det er

Men livet er lidt begrænset

Jeg elsker mine faste rutiner

Jeg elsker at forberede min morgenmad, som jeg plejer

Rutiner giver tryghed

Rutiner får mig til at føle, at jeg har kontrol over mit liv

Men en gang imellem har jeg lyst til forandring

Næste gang, jeg handler ind i den lille lokale købmand, vil jeg se kassedamen i øjnene

Tale med hende

Og spørge til hendes liv

13. februar 2021

GLASSET ER ALTID HALVT FYLDT

Sådan sagde en ældre kvinde, jeg talte med i går

Hun plejede at arbejde i en Genbrugsbutik

Hendes mand havde mistet sit arbejde,

De var begyndt at gå hinanden på nerverne.

Men nu havde hun fundet en løsning.

Hun tilbød sin arbejdskraft på frivillig basis til den lille lokale købmand

Hun ville komme hver eftermiddag og passe hans

pakkeudlevering, der var blevet et problem

nu hvor alle købte deres varer på nettet.

Hun strålede om kap med den dejlige februarsol

vi havde i går.

14. februar 2021

OMSTILLINGSPARAT

Et ord, der bruges ofte i jobopslag.

Men også et ord, der er brug for i den tid, vi lever i lige nu.

Vi kan ikke gå i Det Kongelige Teater.

Men vi kan se nogle af forestillingerne på deres hjemmeside.

Vi kan ikke komme i fitnesscentret.

Men vi kan gå og løbe en tur.

Vi kan ikke gå rundt i butikker og købe varer, mens vi mærker på dem.

Men vi kan bestille varer på nettet.

Vi kan ikke rejse på vinterferie.

Men vi kan nyde familien i de hjemlige omgivelser.

God vinterferie i omstillingsparathedens tegn

15. februar 2021

MIN LANDSBY SOVER

Sneen har lagt sig som en dyne over træer og tage

Bilerne er forsvundet

Man ser bare en hvid klat

Jeg skulle ha` handlet ind

Jeg skulle også ha` været på vinterferie

Men nu vil jeg bare nyde roen og glæden over den hvide sne

Tænde for TV `et og se en spændende svensk udsendelse

De restaurerer gamle huse

Finder historier om de mennesker, der boede der før

Og så vil jeg tænke over, om der også er nogen, der vil huske mig
i mit hus om 100 år

Sikkert ikke

Men JEG vil huske denne smukke snevejrsdag

16. februar 2021

IKKE PLADS TIL BEKYMRINGER

Mange bekymringer går aldrig i opfyldelse

Vi er gode til at bekymre os

Men glemmer at lægge mærke til, når de ikke går i opfyldelse

Jeg planlægger at blive mindst 100 år

Men jeg lever hver dag, som om det er den sidste, jeg har

Jeg siger tak for en dejlig dag hver aften, inden jeg falder i søvn

Jeg vågner hver morgen og glæder mig til endnu en fantastisk dag

Jeg nægter at spolere min – måske - sidste dag med at bekymre mig

Men jeg passer alligevel på, når jeg kører over for grønt lys.

17. februar 2021

DRØMME

Jeg drømmer aldrig

Men jeg dagdrømmer

Det er en vigtig del af mit liv

At drømme om alt det,
jeg ønsker at gøre og ønsker at opleve

Jeg ønsker at huske

Drømme, jeg måske drømmer om natten, husker jeg ikke

Hvis jeg huskede dem, tror jeg ikke, de går i opfyldelse

Men drømme, jeg selv bestemmer
går i opfyldelse

De drømme behøver ikke være realistiske

Det er bare drømme

Det er bare ønsker

Jeg har lov til at ønske

Jeg har lov til at drømme

Det er mine drømme

Ingen skal bestemme over mine drømme

18. februar 2021

RYGSÆKKEN

Forandring skal der til

Vi skal bevæge os videre

Hvis vi ikke gør det, gør andre det for os

Livet forsætter

Jorden drejer

Vi er ikke den samme i dag, som vi var, da vi var 18 år

Ingen er den samme

Hvorfor er det nogen gange så svært at acceptere?

Hvor vil du hen?

Hvad vil du med dit liv?

Blive stående på perronen og se toget køre forbi dig?

Eller vil du med toget?

Hop på det

Se, hvad der sker

Hvad er det værste, der kan ske?

Men efterlad rygsækken på perronen

19. februar 2021

FLINKESKOLEN

Et positivt ord

Måske lider du af hensynsbetændelse

Måske er du pragmatiker og finder en løsning,
som alle er glade for

Måske gør du alt, for at alle bliver tilfredse

Måske sikrer du enighed i forhandlinger

Måske sørger du for aldrig at blive uvenner med nogen

Måske vil du Ikke risikere et skænderi, og stikker hovedet i busken

Måske flygter du fra høje råb

Måske er du altid en god kollega

Måske er du også en god samlever

Men undertrykker du ikke dine egne følelser?

Og gør du aldrig noget for dig selv?

Hvorfor være flink og glemme sig selv?

20. februar 2021

EGETRÆET

Jeg læste forleden dag om egetræet

Egetræet kan inspirere os

Det vokser og vokser

Og så holder det en pause

For så at vokse og vokse igen

Det er måske ikke så let for os mennesker

For når vi vokser, er der fordi vi er i flow

At være i flow er at opleve, at alt hvad vi gør, lykkes for os

En herlig følelse

Hvordan kan vi så holde en pause?

Hvorfor skal vi så holde pause?

Måske for at glæde os over, det der sker

Hvis vi ikke holder en pause, glemmer vi måske at nyde udviklingen

21. februar 2021

MISUNDELSE

Misundelse er en af dødssynderne

Hvorfor er det egentlig det?

Hvis vi er misundelige på noget, er det måske, fordi det er noget, vi ønsker os

Hvis vi ønsker noget, kan vi arbejde på at opnå det

Alt kan lade sig gøre

Næsten alt kan lade sig gøre

Hvis vi tænker, bare det var mig, der boede på landet

Så undersøg mulighederne

Tænk over, om du er klar til at leve med konsekvenserne

Børnene skal skifte skole

Du skal måske skifte job

Måske bliver det en plan, der vil tage flere år

Men hvad så, hvis det er din drøm

22. februar 2021

STATUS

Det er godt en gang imellem at gøre status

Hvis vi var et firma, ville vi gøre det automatisk en gang om året

Hvis det handler om os selv, vil vi måske gøre det ved nytårstid

Men der er langt til næste nytår

Måske kunne det være sjovt at gøre det lidt oftere

Måske hver tredje måned?

Tænk hvis vi er på den forkerte vej

Synd at vente næsten et helt år med at skifte retning

Hvor er du lige nu?

Hvilken vej ville du gerne ud af?

Er du på den rigtige vej?

Eller er du faret vild?

23. februar 2021

SKAM

Har tænkt meget over ordet

Kan ikke huske, at jeg har skammet mig

Men det kan da ikke passe

Alle har da noget at skamme sig over

Måske er det fordi, jeg tror, det skal være meget seriøst

Nu kan jeg huske, at jeg engang blev meget flov

Jeg var 9 år gammel

Min mor var blevet alvorligt syg

Jeg skulle passes hos min tante

Om eftermiddagen fik jeg nybagt brød med hjemmelavet æblemos

Da jeg spiste det tredje stykke

"Nu har du vist fået nok"

Nej, hvor jeg skammede mig

Tænker på det, hver gang jeg spiser æblemos

24. februar 2021

FORVIRRET

Hvad må jeg?

Hvad må jeg ikke?

Hvad er lukket ned?

Hvad er lukket op?

Hvor ville alt være så meget lettere, hvis vi kunne kommunikere mere klart

Vi er i en Coronatid

Jeg skal vaske hænder og spritte af

Jeg skal lufte ud og gå med mundbind

Jeg skal holde afstand til andre og ikke kramme

Jeg skal lade mig teste

Helst 2 gange om ugen

Jeg er ikke syg

Men skal hjælpe myndighederne med at blive klogere

Jeg er træt af ikke at vide, hvad jeg må

Ender vi alle sammen med at få en social fobi?

25. februar 2021

SÆT PRIS PÅ DET

Vi lever i en underlig tid

Intet er som plejer at være

Der er meget, vi ikke kan

Vi tog så meget for givet tidligere

Vi kunne deltage i idræt og i foreningslivet

Vi kunne have et socialt fællesskab i aftenskolen

Vi kunne blive underholdt i biograferne

Vi kunne finde kultur i teatrene

Vi kunne nyde dejlig musik på festivaler

Vi kunne tømme biblioteket for spændende bøger

Vi kunne gå på cafe og spise ude

Hvad kan vi nu?

Næsten det hele

Bare på en anden måde

Lad os være ydmyge og nyde det, vi kan

26. februar 2021

TILLID

Tillid er et dejligt ord

Tillid er tryghed og kærlighed

Vi bliver forelsket

Vi ser kun de positive sider ved kæresten

Vi stoler på hinanden. Vi har ikke lyst til at tro andet

Pludselig en dag slår lynet ned

Tilliden er væk. Alt er anderledes

Nu ser vi kun de negative sider af kæresten

Nu stoler vi ikke længere på hinanden

Hvordan kan det være?

Det er den samme person

Personligheden har forandret sig

Udseende har ændret sig

Hvordan er det muligt?

Før fokuserede vi på det positive

Nu fokuserer vi på det negative

Hvad er er sandheden?

27. februar 2021

FREMTID

Hvad er fremtid?

Næste år?

Næste måned?

Om en time?

Vi hører hele tiden, vi skal huske at være i nuet

Betyder det, vi ikke skal tænke på fremtiden?

Ikke efter min mening

For mig er det vigtig, at vi glæder os over nuet

Og glæder os til det, der kommer efter nuet

Vi må gerne se frem til en god kop kaffe

Vi må gerne glæde os til at møde en god ven

Vi må godt glæde os til at læse en god bog

Eller se en god film

En balance mellem nuet og det, der kommer efter

28. februar 2021

BAGGRUND FOR BOGEN

Kære læser

Nu har du måske læst mine små tekster, som jeg skrev i februar måned – inspireret af de mange kursister, jeg har mødt i min undervisning i en tid, hvor coronaens mange begrænsninger og restriktioner har varet i næsten et år.

Vi har ikke kunnet mødes til fysisk undervisning, men vores zoom-undervisning har været en udmærket erstatning.

Min baggrund er en uddannelse som Life-coach, NLP-terapeut og Ordblindepædagog, og jeg har i mange år arbejdet med emnet: "Tankens kraft og fantasiens mirakler", som jeg har skrevet flere bøger om.

Mine 3 vigtigste redskaber er:

Sæt Fokus på det, der er positivt og virker

Brug dine tanker til at forestille dig det, du ønsker

Vær taknemmelig for alt det, du oplever og kan

Hvordan gør man det, når livet går én imod og dagene er fulde af problemer og intet af det, man ønsker, vil lykkes, vil du måske spørge mig om?

I denne tid kan du ikke komme på vinterferie til Thailand, som du plejer, og hvis du fokuserer på det, kan du godt blive lidt trist og frustreret, for du trænger sådan til ferie. Du har knoklet en lang vinter og intet har været, som det plejer, så du har virkelig brug for en ferie.

Du kan vælge at blive i den tanke, men du kan jo rent faktisk ikke gøre noget ved det. Det bliver nemt som humlebien, der flyver mod den lukkede rude – igen og igen – indtil den til sidst dør af udmattelse, fordi den ikke lagde mærke til den lille sprække, der var i ruden, som den kunne være kommet ud af.

Hvad nu, hvis du vælger at tænke?

Hvad kan jeg gøre i stedet for?

Lære mit eget land at kende?

Finde ud af, hvad der foregår af spændende ting, som måske har åbent, eller kan ses, fordi det foregår udenfor?

Eller tænke på at ændre noget i mit eget hjem, som jeg kan have glæde af resten af året?

Eller måske se, hvad der er af muligheder online, som jeg længe har haft lyst til?

Jeg kan måske også planlægge en ferie, hvor jeg vil spise anderledes og finde nogle gode Thairetter, som jeg selv kan lave, eller måske hente noget Take-Away, der stadig findes?

Og så måske finde det Kongelige Teaters streamingtjeneste, så jeg kan vise mine børn noget dansk kultur?

Og jeg kan blive ved. Men du ved selv, hvad du har lyst til at vælge,

Og så kan du begynde at glæde dig til ferien, som bliver så helt anderledes end de andre år. Du kan planlægge, og du kan forestille dig, hvor dejligt, det kan blive og så bliver din glæde endnu større.

Og hele ferien tænker du hver eneste dag, inden du går i seng:

"Hvor er jeg taknemmelig over mit liv, og de muligheder mit liv har givet mig, selv om jeg ikke har så mange penge, eller ikke går så godt på mine fødder, eller har mange smerter, så er der stadig så mange ting, jeg kan glæde mig til og være taknemmelig over."

Jeg har også givet dig nogle eksempler i de små tekster i denne bog, og du kan finde flere i mine bøger:

"Tænk dig til et bedre liv"
"Mine små soldater"
"Sådan tiltrækker du det liv, du ønsker"

Og så kan du gå ind på skolens hjemmeside og finde flere gode opgaver.

www.sandvig-folkeoplysning.dk

EFTERSKRIFT

Men Corona har også gjort meget godt for flere af os.

Mange fandt faktisk ro, fordi vi pludselig var tvunget til at blive hjemme, Der var ikke så mange valgmuligheder, som vi skulle tage stilling til.

De af os, der måske er lidt introverte, behøvede ikke længere presse os til at gøre de mange ting, som andre forventede af os.

Der var heller ingen grund til at være misundelig på de andre, der havde råd til dyre rejser og ferier, for det var ikke længere en mulighed.

Vi var pludselig alle i samme båd.

Og det gav os mange muligheder for at kunne stå lidt af ræset, hvis vi havde brug for det.

Bogen er skrevet i forbindelse med et projekt, der er støttet af Slots- og Kulturstyrelsen og i samarbejde med DOF-Sandvig Folkeoplysning og Fortælleværksted.

Teksterne er brugt i forbindelsen med undervisningen på Zoom, og det er muligt at finde yderligere opgaver på hjemmesiden: www.sandvig-folkeoplysning.dk